AF258046

L'IMPARTIALITÉ

DU

SUFFRAGE UNIVERSEL

PAR

A. VERZINAY

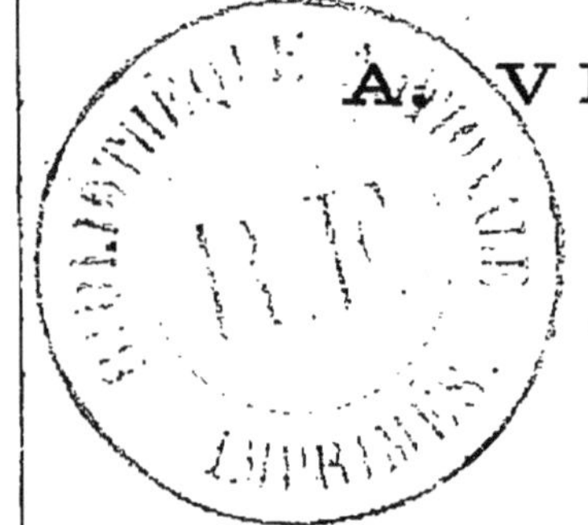

Suum cuique, Pax.

PARIS

GRATUITEMENT

CHEZ DENTU, LIBRAIRE, PALAIS-ROYAL

Et chez l'Auteur, rue de Bréa, 23

—

1877

L'IMPARTIALITÉ

DU

SUFFRAGE UNIVERSEL

MOTIFS

La justice et la vérité, dans le suffrage universel, viennent du *vote direct* faisant toutes les lois,
résolvant toutes les questions. Comment un peuple de 37 millions d'âmes peut-il faire fonction-
ner, chez lui, le vote direct? C'est ce qui fera
le sujet de ce Traité. Il est permis de voir *le
vote direct dans un moyen d'élections*, qui met
le député en constante communication d'idées
avec ses électeurs, qui peuvent, en toutes circons-
tances, lui faire parvenir leurs conseils et leurs
opinions.

En France, après la révolution de 1848, avec
trop de précipitation, on établit *le suffrage universel*, avec le système injuste et partial des *majorités
dominantes*. Son moyen d'élections fut *le scrutin de
listes*, c'est-à-dire l'élimination, en masse, des conseils du pays, de tous les partis par le parti le
plus nombreux. Plus tard, au scrutin de listes, on
substitua *le scrutin par arrondissements*, le duel au
lieu de la mêlée, qui donne des candidats plus
connus, plus attachés aux circonscriptions qui les

nomment; mais, là, encore, un ou plusieurs vain-
disparaissent devant l'élu. Et, cependant, ces
vaincus, surtout dans les scrutins de ballottages,
peuvent avoir obtenu, à peu de chose près, le
nombre de suffrages qu'a réunis l'élu. L'élimination est de plus d'un tiers des votes (voy. p. 12).
Voilà quel est l'homme chargé des intérêts politiques de tous les partis, dans une circonscription,
à qui on parle parfois d'imposer le mandat impératif. Loin de moi, cependant, de vouloir la
suppression du *suffrage universel; c'est un axiome,
il est dans la nature:* mais, quant à le voir expri-
mer exactement la volonté de la nation, je suis
persuadé qu'un jour, peu éloigné peut-être, verra
établir un mode d'élections, qui, en répartissant,
dans les assemblées gouvernementales, les opinions politiques, dans les mêmes proportions
qu'elles le sont dans le pays, ne troublera pas la
tranquillité publique, et ne sera plus un excitant
à la haine des citoyens les uns contre les autres.

Pour obtenir ce résultat, je vais exposer *un
moyen d'élections*, qui n'est probablement pas par-
fait, mais qui, je crois, pourra être amélioré par
l'expérience, ou excitera d'autres chercheurs à
trouver mieux.

MOYEN D'ÉLECTIONS

Au temps des élections on établit, *dans chaque
département, six comités* correspondant aux six di-

visions politiques des assemblées parlementaires, qu'on nomme : extrême-droite, droite, centre droit, centre gauche, gauche, extrême-gauche. Ces noms, auxquels peuvent être ajoutées d'autres dénominations explicatives convenues d'avance, comprennent entièrement la gamme des partis politiques qui partagent les opinions en France.

L'extrême-droite peut contenir les monarchistes absolus ; la droite, les monarchistes constitutionnels, admettant le gouvernement personnel ; le centre droit, les monarchistes constitutionnels purs ; le centre gauche, les républicains constitutionnels ; la gauche, les républicains progressistes, les opportunistes ; et l'extrême-gauche les républicains radicaux. Je crois n'avoir oublié personne.

Les *six comités départementaux* sont nommés par les électeurs de la manière suivante :

Il est *publié* que les électeurs, qui *veulent en faire partie*, doivent, dans les huit jours suivants, venir chercher *une carte* qui leur en confère l'honneur. Ils déclarent de quel comité, entre les six, ils désirent faire partie et doivent en professer l'opinion, ce qui nécessitera la *publication des noms* et une *acceptation des élus* les uns par les autres. Il leur est distribué, selon leur réponse, une des six cartes spéciales par le moyen suivant : on a disposé six tubes ronds ou carrés, selon la forme des cartes. Dans chaque tube, on a placé trente mille cartes, plus ou moins, qui, poussées par un mécanisme facile à imaginer, et qui, seul, peut les en extraire, se présentent successivement sous la main du distributeur. Dans ces trente mille cartes sont disséminées, au hasard, des cartes particulières, en nombre égal à celui des membres du comité que chaque tube est chargé d'élire.

Les électeurs *à qui échoient ces dernières cartes*, et qui peuvent *proposer leur remplaçant personnel*, font *seuls* partie des six comités départementaux.

Si le tirage ne donne pas le nombre voulu de membres du comité, un tirage complémentaire a lieu entre les seuls électeurs ayant obtenu des cartes sans signification, mais numérotées.

Les six comités, ayant dressé *chacun une liste*, par ordre de mérite, des candidats de leur opinion politique, qui peuvent avoir les sympathies des électeurs du département, et dont ils ont trouvé les éléments dans les inscriptions volontaires, les professions de foi et l'opinion du public et des journaux, *publient ces listes* dans tout le département qu'elles concernent, pour les soumettre, pendant quinze jours, aux *protestations des électeurs. Chaque comité juge les protestations contre sa liste.* Mais les protestations *peuvent être jugées en dernier ressort*, avant toute opération, par les six congrès de comités, dont il va être parlé. Après quoi *les six comités départementaux envoient à six congrès de comités* d'opinions politiques correspondantes, au centre du pays, *des délégués* porteurs de ces listes, et chargés d'en démontrer la valeur.

Ces six congrès de comités dressent, au moyen des

listes départementales, sans en changer la classification, *six listes générales*, par ordre de mérite, cela est indispensable, *des candidats, qui doivent être élus*, dans chacune des six divisions politiques des assemblées. Ces six listes sont *publiées*, dans toute la France et ses colonies, pendant le temps nécessaire à la production *des protestations*, qui sont *jugées sans appel* par les six congrès de comités, chacun jugeant sa liste.

Les colonies éloignées envoient leurs opérations par le télégraphe ou autrement, et désignent *des délégués* chargés de protester, s'il y a lieu, et *habitant la mère-patrie*.

(Il est à remarquer que les protestations ne peuvent porter que sur des transpositions de noms, dans la même liste ou dans une liste différente d'opinion.)

Les six listes générales définitives sont closes alors, et *les électeurs votent*, chacun dans son lieu de vote, au scrutin secret, non pour un ou plusieurs candidats de leur choix, mais *pour une des six listes* portant un des six noms de l'extrême-droite, droite, etc., seuls, ou accompagnés d'autres dénominations explicatives convenues. Si *la proportion des députés* à élire est, par exemple, de un pour vingt mille votants, on prend dans chaque liste autant de noms classés par ordre de mérite, il faut le répéter, qu'il y a de fois vingt mille votes exprimés afférant à chacune de ces listes.

Pour prévenir *les non-acceptations*, les listes contiendront beaucoup plus de noms qu'il ne pourra être élu de députés dans chaque division politique.

Les ballottages, les élections partielles n'ont plus lieu ; on prend, pour remplacer les démissionnaires ou les morts, les noms de même opinion qu'eux, qui suivaient les élus dans les listes définitives des élections.

Il sera procédé à *des élections nouvelles*, à des laps de temps fixés d'avance, et quand, les listes de remplacement étant épuisées, *deux siéges* d'une des divisions politiques *d'une Assemblée seront vacants.*

Les Conseils généraux et municipaux sont élus de la même manière ; mais il suffit de *deux comités* composant chacun une liste définitive intitulée *liste de droite et liste de gauche;* pour une desquelles *voteront les électeurs,* après leur publication, et le jugement, sans appel, des protestations, par les deux comités, chacun jugeant sa liste. *L'attribution du nombre des conseillers* à chaque parti, *les élections partielles, les élections nouvelles* suivent les règles observées pour les élections politiques.

Comme règle générale, on peut établir que, pour élire une assemblée quelconque par ce système, il faut déterminer *le nombre et la dénomination* des listes à élire.

Cette manière de voter est *un scrutin de listes* de l'élite de la nation. Il convient aux partis qui votent avec ensemble.

Les conséquences qui en découlent sont, selon moi, celles-ci : on peut se contenter *d'une Assemblée unique* qui, ainsi constituée, offre peu d'inconvénients. Cependant *un Sénat est utile* à la pondération des pouvoirs et doit être ainsi composé : *le Sénat est nommé* aussitôt après l'installation de la Chambre des députés et la vérification des pouvoirs.

Le nombre de ses membres est égal à celui de la Chambre des députés.

Il se compose des sénateurs ou députés réélus trois fois aux élections législatives et *faisant partie* de la Chambre nouvelle. *Les sénateurs sont pris* dans les six divisions politiques de la Chambre des députés, dans l'ordre des listes, chaque division composant la division d'opinion correspondante. *La tête élue des listes* des divisions complète le Sénat à défaut des députés réélus trois fois. Ces règles seront observées dans les *élections partielles du Sénat.*

En résumé, le Sénat se composant du même nombre de membres que la Chambre des députés, et *la vérification des pouvoirs* se réduisant à un appel suivi d'une constatation d'identité, *la Chambre des députés devient le Sénat ;* et, la suite des listes définitives des élections étant employée, sans formalités, pour reconstituer la Chambre des Députés, *la formation des deux Assemblées peut être simultanée.*

Le Président de la République est inamovible. Il *est nommé* aussitôt après l'installation du Sénat, dans le délai de trois mois, par les électeurs, à la majorité, sur une liste de trois *candidats* dressée *par le Parlement*, c'est-à-dire l'Assemblée plénière du Sénat et de la Chambre des députés réunis.

Les Pouvoirs siègent jusqu'à leur remplacement.

Les Ministres, choisis par le Président de la République, sont *seuls responsables* de la politique du Gouvernement, devant *le Parlement qui peut exiger*, à la majorité *des deux tiers* de ses membres, la démission d'un ou plusieurs ministres.

Les lois sont discutées, en *double*, par la Chambre des députés, puis par le Sénat. — En cas *de divergence de vote*, la discussion *est recommencée* à la fin de la session de l'année, devant le Parlement. *S'il y a urgence*, le Parlement peut s'assembler immédiatement. Mais, si *les voix sont partagées également*, le premier vote du Sénat est adopté.

Le Pouvoir exécutif *promulgue* les lois.

Par ce système, encore, *la dissolution* de l'une des Assemblées *est impossible;* puisque le Sénat et la Chambre des députés sont toujours d'accord, au moyen de leur Parlement.

Plus de candidature officielle, ni de pression administrative, dans les élections; elles sont inutiles au Pouvoir exécutif qui va, aussi, être remplacé.

J'ai *émancipé les deux Assemblées;* parce qu'elles sont vraiment, ici, l'image du pays.

Le mandat impératif, lui-même, n'est plus impossible; puisque le député ne représente plus qu'une seule catégorie d'électeurs.

Il y aura encore des *bulletins nuls* dans les scrutins; il ne pourra subsister que *les abstentions* vraiment motivées, et non celles du désespoir. Mais, les *bulletins blancs* doivent disparaître; on a toujours une opinion, qu'on n'abandonne pas, tandis qu'on rejette un candidat.

Pour couronner mes vœux politiques : *il faut que l'armée* se pénètre de l'idée *qu'elle doit réprimer* toute espèce de séditions, sans en discuter les motifs, remettant aux *Assemblées du pays le devoir* d'examiner *toutes les pétitions*, soit par leurs commissions, soit même par la réunion du Parlement, quand elles sont présentées par un nombre important de citoyens.

Voilà toutes les conséquences de ce système, qui ne peut jamais être redoutable, et peut donner à un pays une paix intérieure inaltérable.

LES PREUVES

J'ai puisé, dans les listes électorales d'un grand journal républicain de Paris, *les renseignements suivants*, publiés plusieurs semaines après *les élections du 14 octobre 1877.*

Ces listes ne renferment que deux sortes de candidats : 1° ceux du Maréchal, qu'elles font tous monarchistes de différentes espèces; 2° les républicains.

Je ne redoute pas des chiffres plus complets pour mes conclusions, ni pour mon système, dont le principe de justice sera d'autant plus facilement admis, qu'il déplacera moins les intérêts acquis.

Au 14 octobre 1877, sur 8,041,511 votants, les trois divisions politiques de droite (*les monarchistes*, *V.* p. 5) ont obtenu :

Députés élus	Pour voix des majorités représentées	Voix des minorités éliminées	Total des voix	Pour un député
202	1,761,822	1,781,989	3,543,811	$17,543 \frac{618}{1000}$

Les trois divisions politiques de gauche (les républicains, *V.* p. 5) ont obtenu :

Députés élus	Pour voix des majorités représentées	Voix des minorités éliminées	Total des voix	Pour un député
323	3,118,005	1,193,306	4,311,311	$13,347 \frac{712}{1000}$

Total des députés	Total des voix représentées	Total des voix éliminées	Total des totaux	Différence pour les députés
525	4,879,827	2,975,295	7,855,122	$4,195 \frac{906}{1000}$

Un député coûte donc aux républicains $13,347$ voix $\frac{712}{1000}$, tandis qu'il coûte $17,543$ voix $\frac{618}{1000}$ aux monarchistes, c'est-à-dire $4,195$ voix $\frac{906}{1000}$ en plus.

Je n'ai pu opérer que sur les chiffres de mon guide (il est impossible d'en trouver d'autres); mais s'ils étaient refaits, et si, après chaque élection générale, jusqu'à l'adoption de procédés de voter plus conciliateurs, *des calculs et des additions de listes analogues* étaient faits au ministère de l'intérieur, sur les documents complets et bien collationnés qu'on y possède, et ensuite publiés, ce serait, pour le gouvernement, un guide sûr, et, aux partis, la démonstration de leur véritable valeur. Du reste, pourquoi m'inquiéter si fort de l'imperfection des listes, que *les invalidations* quotidiennes augmentent encore. Le nombre des élections sur lequel j'opère est suffisant pour convaincre.

Il faut remarquer que *les invalidations*, que mon plan *n'admet point* (*V.* Vérification des Pouvoirs, p. 9), lui donnent un argument de plus, en prouvant l'espérance d'annuler des votes et des électeurs, en les faisant rentrer dans les minorités. Pour ramener les choses *à la justice*, un député devrait représenter la 525e partie des deux totaux 3,543,811 et 4,311,311 réunis (7,855,122); soit, pour un député, 14,962 voix $\frac{137}{1000}$; et, *l'attribution des députés*, à chaque parti, serait comme 3,543,811 divisés par 14,962$\frac{137}{1000}$; soit, 229$\frac{279}{1000}$ élus, pour les *monarchistes*. Elle serait comme 4,311,311 divisés aussi par 14,962 $\frac{137}{1000}$; soit, 288 $\frac{148}{1000}$ élus *pour les républicains*. Ces chiffres sont ceux qui auraient dû présider à la répartition des élus dans la Chambre des députés, d'après les votes exprimés aux élections du 14 octobre 1877.

Républicains 288, au lieu de 323.

Monarchistes 229, au lieu de 202.

Rapprochée du nombre, 6, des divisions politiques de la Chambre, *la proportion des députés*, dans ces divisions, doit être comme la totalité des députés 525, est à la totalité des divisions, 6, soit :

$288\frac{148}{1000}$ est à x comme 525 est à 6 *pour les républicains;* et $229\frac{279}{1000}$ est à x comme 525 est à 6 *pour les monarchistes.*

Soit, *pour les républicains*, $3\frac{293}{1000}$.

Soit, *pour les monarchistes*, $2\frac{620}{1000}$.

Voilà leurs proportions légitimes dans les six divisions politiques de la Chambre des députés; c'est-à-dire que *la République,* victorieuse des trois divisions de droite, *à la majorité de moins d'un dix-huitième* des votes, s'avance, dans le centre gauche, jusqu'au tiers· du terrain ($\frac{293}{1000}$). *La France* veut donc *essayer la République.* Voilà l'appel au peuple! Voilà la voix du peuple.

J'ai donc raison de trouver défectueux et injuste le scrutin par arrondissement. Le scrutin de listes de 1848 aggraverait encore le mal, si son rétablissement était adopté. Au lieu de résoudre l'unité de la France, ils amèneront sa dislocation en faisant de ses citoyens des ennemis vainqueurs ou vaincus.

Le suffrage universel demande donc une réorganisation complète; et celui qui aidera à l'accomplir, fera plus que personne, jusqu'ici, pour la Liberté, pour l'Égalité, et, surtout pour la Fraternité; parce que les bons comptes font les bons amis.

PLAN DE PARLEMENT

Deux salles d'Assemblées contiguës, séparées par un intervalle renfermant le bureau du Président et la tribune du Parlement; et par deux cloisons mobiles. Ces deux cloisons, les bureaux des Présidents et les tribunes du Sénat et de la Chambre des députés s'abaissent, dans le sous-sol, pour les délibérations communes des deux Assemblées.

EMBLÈME

Je prends la mieux conservée des statues antiques, la plus parfaite peut-être, depuis longtemps française, *la Diane au cerf*. Son corps tout entier se porte en avant. Cependant, une des jambes reste en arrière, prête à s'arrêter, à reculer même, en cas de danger. Sa main gauche retient fermement les cornes à trois branches, chacune, d'un cerf vigoureux. La Déesse garde son carquois sur l'épaule. La République, comme la Loi, doit être armée. Mais, sa main droite, au lieu de saisir un trait, élève en l'air une branche d'olivier.

Typographie Lahure, rue de Fleurus, 9, à Paris.